À Verushka, Nicole
et Andriana

Conception graphique : Darcia Labrosse

Le Conseil des Arts | The Canada Council
du Canada | for the Arts

Modulo Jeunesse remercie
le Conseil des Arts du Canada du soutien
accordé à son programme d'édition dans
le cadre du programme des subventions
globales aux éditeurs.

Cet ouvrage a été publié
avec le soutien de la SODEC.

Nous reconnaissons l'aide financière du gouvernement
du Canada par l'entremise du Programme d'Aide au
Développement de l'Industrie de l'Édition (PADIÉ)
pour nos activités d'édition.

Dépôt légal – 4e trimestre 1986
Bibliothèque nationale du Québec
Bibliothèque nationale du Canada
ISBN 2-920660-07-1

© Modulo Jeunesse, 1986
233, av. Dunbar, bureau 300
Mont-Royal (Québec)
Canada H3P 2H4
Téléphone : (514) 738-9818 / 1-888-738-9818
Télécopieur : (514) 738-5838 / 1-888-273-5247
Site Internet : http://www.modulo.ca/

Imprimé au Canada

# J'AI FAIM

Texte de Cécile Gagnon
Illustré par Darcia Labrosse

Léon ouvre les yeux. Son ventre fait un drôle de bruit.
Léon se lève et dit:
— J'ai faim!

Léon s'en va chez Marie-Blanche. Il frappe à la porte.
— J'ai faim! dit-il.

Marie-Blanche lui propose des herbes odorantes et lui fait goûter aux brindilles et aux bourgeons tout frais.
Mioum!

Le ventre de Léon grogne.
— J'ai encore faim, dit Léon.
— Va voir Victor, dit Marie-Blanche.
Ici, il ne nous reste plus rien.

Léon trouve Victor en train de déguster son déjeuner.
Ensemble, ils mangent des noix, des glands, des graines délicieuses.
Mioum!

Le ventre de Léon grogne encore.
Il s'en va chez Grégoire.
— J'ai faim, dit Léon.
Grégoire mène Léon vers les arbustes où ils se régalent de fruits et de baies juteuses.
Mioum!

Bonjour Clémentine! Où vas-tu? demande Léon.
— Chercher mon repas. Tu viens?
— J'arrive, crie Léon.

En suivant Clémentine, Léon trouve une ruche abandonnée.
Il se gave de miel.
Mioum!

Puis, il s'en va à la pêche avec Alexis.
Léon s'amuse comme un fou à
attraper des truites et des écrevisses dans
l'eau vive de la rivière.
Mioum! Mioum!

Tout d'un coup, Léon se sent lourd, lourd. Il a trop mangé.

Il a mal au coeur. Ça ne va pas du tout.

Beurk. Léon vomit.

Il va lui falloir rester couché le reste de la journée.

Heureusement, ses amis sont là pour lui tenir compagnie.

— La prochaine fois que ton ventre fera du bruit, conseille Marie-Blanche, écoute-le seulement un petit peu...